My First Pet Bilingual Library from the American Humane Association

Mi primera mascota pequeña

My First Guinea Pig and Other Small Pets

AMERICAN HUMANE

Protecting Children & Animals Since 1877

Enslow Elementary
an imprint of

Enslow Publishers, Inc.
40 Industrial Road
Box 398
Berkeley Heights, NJ 07922
USA
http://www.enslow.com

Linda Bozzo

AMERICAN HUMANE

Protecting Children & Animals Since 1877

Founded in 1877, the American Humane Association is the oldest national organization dedicated to protecting both children and animals. Through a network of child and animal protection agencies and individuals, the American Humane Association develops policies, legislation, curricula, and training programs to protect children and animals from abuse, neglect, and exploitation. To learn how you can support the vision of a nation where no child or animal will ever be a victim of willful abuse or neglect, visit www.americanhumane.org, phone (303) 792-9900, or write to the American Humane Association at 63 Inverness Drive East, Englewood, Colorado, 80112-5117.

This book is dedicated to my husband and daughters, who never stop believing in me, and to pet lovers everywhere.

Enslow Elementary, an imprint of Enslow Publishers, Inc.
Enslow Elementary® is a registered trademark of Enslow Publishers, Inc.

Library of Congress Cataloging-in-Publication Data

Bozzo, Linda.
[My first guinea pig and other small pets. Spanish & English]
Mi primera mascota pequeña = My first guinea pig and other small pets / Linda Bozzo
p. cm. — (My first pet bilingual library from the american humane association)
Added t.p. title: My first guinea pig and other small pets
Includes bibliographical references and index.
Summary: "Introduces young readers to the responsibilities of owning a small mammal, in English and Spanish"—Provided by publisher.
ISBN-13: 978-0-7660-3037-4
ISBN-10: 0-7660-3037-7
1. Pets—Juvenile literature. 2. Guinea pigs as pets—Juvenile literature. I. Title. II. Title: My first guinea pig and other small pets.
SF416.2.B6918 2009
636.935'92—dc22

2008004658

Printed in the United States of America

10 9 8 7 6 5 4 3 2 1

To Our Readers: We have done our best to make sure all Internet Addresses in this book were active and appropriate when we went to press. However, the author and the publisher have no control over and assume no liability for the material available on those Internet sites or on other Web sites they may link to. Any comments or suggestions can be sent by e-mail to comments@enslow.com or to the address on the back cover.

Every effort has been made to locate all copyright holders of material used in this book. If any errors or omissions have occurred, corrections will be made in future editions of this book.

♻ Enslow Publishers, Inc., is committed to printing our books on recycled paper. The paper in every book contains 10% to 30% post-consumer waste (PCW). The cover board on the outside of each book contains 100% PCW. Our goal is to do our part to help young people and the environment too!

Illustration Credits: Nicole diMella/Enslow Publishers, Inc., pp. 3, 20 (bottom), 21; Laura Dwight/PhotoEdit, p. 9; iStockphoto, pp. 8, 27; Michael Newman/PhotoEdit, p. 10; Shutterstock, pp. 1, 4, 5, 6, 7, 11, 13, 14, 15, 16, 17, 19, 20 (top), 22, 23, 24, 25, 27, 28, 29.

Cover Credits: Shutterstock

Contents / Contenido

Choosing a Small Pet

Small animals can make great pets. Some people enjoy guinea pigs. Others like hamsters or gerbils. Rabbits and ferrets are also very popular. Did you know that many people keep rats and mice as pets?

This book can help answer questions you may have about picking a small pet. It will also help you learn how to care for the animal.

Cómo escoger una mascota pequeña

Los animales pequeños pueden ser grandes mascotas. Algunas personas disfrutan de los conejillos de Indias. A otras les gustan los hámsters o los jerbos. Los conejos y los hurones también son muy populares. ¿Sabías que muchas personas tienen ratas y ratones como mascotas?

Este libro puede ayudarte a responder preguntas que puedas tener acerca de la elección de una mascota pequeña. También te ayudará a aprender cómo debes cuidar al animal.

Guinea pigs can make great pets.

Los conejillos de Indias pueden ser grandes mascotas.

Some people keep rats as pets.

Algunas personas tienen ratas como mascotas.

Where Can I Get a Small Pet?

Check with your local animal shelter to see if they have the pet you want. You can also ask a **vet**, or animal doctor. Make sure you get your pets from people who take good care of their animals.

A healthy animal moves and looks around.

¿Dónde puedo conseguir una mascota pequeña?

Chequea en tu refugio de animales local para ver si ellos tienen la mascota que quieres. También le puedes preguntar a un **veterinario**, o doctor de animales. Asegúrate de conseguir tus mascotas de personas que cuiden bien a sus animales.

Un animal sano se mueve y mira a su alrededor.

Make sure your pet looks healthy before taking it home.

Asegúrate de que tu mascota se vea sana antes de llevarla a casa.

Here are some things to look for:

- The cage should be clean.
- The animal should be alert when it is awake.
- The eyes should look clear.
- The nose and ears should look clean.
- The fur should be clean.

Aquí están algunas de las cosas que debes observar:

- La jaula debe estar limpia.
- El animal debe verse alerta cuando está despierto.
- Los ojos deben lucir cristalinos.
- La nariz y los oídos deben lucir limpios.
- El pelo debe estar limpio.

White Siberian hamster

Hámster blanco siberiano

What Will My New Pet Need?

Rabbits, ferrets, guinea pigs, and rats need wire cages with solid bottoms and wire tops. Hamsters, gerbils, and mice can be kept in a glass tank with a screened top. Ask your vet what size cage is right for your pet. Set up the cage or tank in a quiet place before you bring your pet home. Your pet will need a water bottle and a food dish. Your hamster, gerbil, rat, or mouse will need an exercise wheel.

This mouse lives in a wire cage with a solid bottom.

Este ratón vive en una jaula de alambre con piso firme.

¿Qué necesitará mi nueva mascota?

Los conejos, los hurones, los conejillos de Indias y las ratas necesitan jaulas de alambre con pisos firmes y techos de alambre. Los hámsters, los jerbos y los ratones pueden tenerse en un tanque de vidrio con una tapa de rejillas. Pregúntale a tu veterinario cuál es el tamaño adecuado de la jaula para tu mascota. Coloca la jaula o el tanque en un lugar tranquilo antes de traer tu mascota a casa. Tu mascota necesitará una botella de agua y un plato para la comida. Tu hámster, jerbo, rata o ratón necesitarán una rueda para hacer ejercicios.

A person at the pet store can also tell you what kind of food and **bedding** is best for the animal you pick.

Bedding will be needed for the bottom of your animal's cage or tank.

Special toys will help to keep your new small pet busy and happy.

Alguien de la tienda de mascotas también puede decirte qué clase de comida y de **cama** es mejor para el animal que elijas.

La cama se necesitará para el fondo de la jaula o del tanque del animal.

Los juguetes especiales ayudarán a tu nueva mascota pequeña a mantenerse entretenida y feliz.

Your new pet will need special food and bedding.

Tu nueva mascota necesitará comida y cama especiales.

Guinea Pigs

Guinea pigs are playful and enjoy being with people. They like to live with other guinea pigs so you may want to get more than one. It is better if they were raised together. Be sure you get two males or two females, or they will have lots of babies.

Your guinea pigs will need a cage large enough to run around in. Place bedding in the bottom of the cage.

Conejillos de Indias

Los conejillos de Indias son juguetones y disfrutan estar con las personas. Les gusta vivir con otros conejillos de Indias, por lo que pudieras obtener más de uno. Sería mejor si fueron criados juntos. Asegúrate de tener dos machos o dos hembras, o tendrán muchos bebés.

Tus conejillos de Indias necesitarán una jaula lo suficientemente grande como para que correteen en ella. Coloca la cama en el fondo de la jaula.

Your small pet will need fresh water every day.

Tu pequeña mascota necesitará agua fresca cada día.

Guinea pigs like to eat carrots.

A los conejillos de Indias les gusta comer zanahorias.

Guinea pigs need chew sticks to keep their teeth from growing too long.

You can buy special food called guinea pig pellets from the pet store. Guinea pigs also like fresh fruits and vegetables such as carrots and apples a few times a week. It is very important that guinea pigs get enough vitamin C. The easiest way to make sure your guinea pigs get enough is to buy it at a pet store and add it to their water.

Guinea pigs need attention every day. They also need to be **groomed**. Use a brush to keep your pet's fur looking great.

Los conejillos de Indias necesitan masticar palos para evitar que sus dientes crezcan demasiado largos.

Puedes comprar las pastillas de comida especiales para conejillos de Indias en la tienda de mascotas. A los conejillos de Indias también les gustan las frutas y los vegetales frescos tales como zanahorias y manzanas unas cuantas veces a la semana. Es muy importante que los conejillos de Indias tomen suficiente vitamina C. La manera más fácil de asegurarte que tus conejillos de Indias consuman suficiente es comprársela en la tienda de mascotas y añadírsela al agua.

Los conejillos de Indias necesitan atención diaria. También necesitan estar **acicalados**. Usa un cepillo para que el pelo de tu mascota luzca estupendo.

Guinea pig

Conejillo de Indias

Hamsters

Hamsters are very clean pets.

Adult hamsters like to live alone, so only keep one.

These animals sleep during the day and run around at night.

Hamsters need a **nesting box** with a small entrance to make them feel safe. They also need chew sticks to keep their teeth from growing too long.

Hámsters

Los hámsters son mascotas muy limpias.

A los hámsters adultos les gusta vivir solos, así que sólo ten uno.

Estos animales duermen durante el día y corretean durante la noche.

Los hámsters necesitan una caja como **madriguera** con una pequeña entrada que los haga sentir seguros. También necesitan masticar palos para evitar que sus dientes crezcan demasiado largos.

You should feed your hamster at night.

Debes alimentar a tu hámster por la noche.

Hamsters eat special hamster food from the pet store. They also enjoy fruits and vegetables as treats. Hamsters are **nocturnal** so it is best to feed your hamster at night.

Los hámsters comen comida especial para hámsters que la venden en la tienda de mascotas. También disfrutan de las frutas y los vegetales como golosina. Los hámsters son **nocturnos**, así que lo mejor es alimentarlos de noche.

Only keep one hamster in the cage.

Mantén un solo hámster en la jaula.

Gerbils

Gerbils are fun to watch.

They like to live with other gerbils so you may want to get more than one. Two brothers or two sisters raised together are best.

Jerbos

Es divertido observar a los jerbos.

Les gusta vivir con otros jerbos, por lo que pudieras querer tener más de uno. Dos hermanos o dos hermanas que se críen juntos es lo mejor.

Cover the bottom of the cage with bedding.

Cubre el fondo de la jaula con la cama.

Their cage should have room for lots of tunnels and shelves for them to run around in.

Cover the floor of the cage with bedding.

Give your gerbils paper towel tubes, branches, and cardboard boxes to play with.

This small animal will need to eat food made just for gerbils. They also enjoy **dates**, carrots, and **alfalfa** as treats. Feed your gerbils at night when they are most active.

Su jaula debe tener espacio para muchos túneles y estantes para que correteen dentro de ella.

Cubre el piso de la jaula con una cama.

Dale a tus jerbos rollos de papel toalla, ramas y cajas de cartón para que jueguen.

Este animal pequeño necesitará comer comida hecha sólo para jerbos. También disfrutan de **dátiles**, zanahorias y de **alfalfa** como golosina. Alimenta a tus jerbos de noche, que es cuando están más activos.

Gerbils eat pellets made for them.

Los jerbos comen pastillas hechas para ellos.

Rabbits

Rabbits are gentle animals.

Part of the bottom of your rabbit's cage should be covered with cardboard to protect its feet. Bedding is used to cover the bottom of the cage.

Rabbits need to hop around. Let your rabbit out of its cage once a day. Always make sure the room is safe because rabbits like to chew on things like electrical cords.

To keep your new pet healthy, feed it rabbit pellets. You can also feed it some hay and fresh vegetables. A **salt block** can also be given to your rabbit. Rabbits like to lick, and salt helps them stay healthy.

Conejos

Los conejos son animales tiernos.

Parte del fondo de la jaula de tu conejo debe estar cubierta con cartón para proteger sus patas. La cama es usada para cubrir el fondo de la jaula.

Los conejos necesitan brincar. Deja salir a tu conejo de su jaula una vez al día. Asegúrate siempre que el cuarto sea seguro porque a los conejos les gusta masticar cosas como cables eléctricos.

Para mantener sana a tu nueva mascota, aliméntala con pastillas de alimento para conejos. También puedes alimentarlo con algo de heno y vegetales frescos. Puedes darle además un **cubito de sal** a tu conejo. A ellos les gusta lamer y la sal los mantiene saludables.

Hold your rabbit gently.

Trata a tu conejo con delicadeza.

Hay, straw, and wood sticks for your rabbit to chew on will keep its teeth from growing too long.

Some rabbits can be trained to use a litter box.

Ask your vet which bedding is right for your pet.

Pregúntale a tu veterinario qué cama es la adecuada para tu mascota.

El heno, la paja y los palos de madera para masticar ayudarán a evitar que los dientes de tu conejo crezcan demasiado largos.

Algunos conejos pueden entrenarse para usar una caja de arena para sus necesidades.

Hay is one of the foods rabbits like to eat.

El heno es una de las comidas que les gusta comer a los conejos.

Rabbits come in many colors and sizes. This is a miniature lop.

Los conejos vienen en muchos colores y tamaños. Éste es un lop miniatura.

Ferrets

Ferrets need a cage large enough for a litter box and nesting box. Ferrets like nesting and sleeping on something soft such as a cloth, old T-shirt, or towel.

Let your ferret run around outside its cage. Always watch your ferret! These small animals can get into a lot of trouble when loose.

Ferrets need to visit the vet once a year for a checkup and a shot to keep them healthy.

Hurones

Los hurones necesitan una jaula lo suficientemente grande como para colocar una caja de arena y caja como madriguera. A los hurones les gusta abrigarse y dormir sobre algo suave, como por ejemplo un pedazo de tela, una camisa vieja o una toalla.

Dark sable ferret

Hurón marta oscuro

Deja que tu hurón corretee fuera de su jaula. ¡Observa siempre a tu hurón! Estos animales pueden meterse en muchos problemas cuando se pierden.

Los hurones necesitan visitar al veterinario una vez al año para un chequeo y una vacuna para mantenerlos sanos.

Ferrets can be trained to use a litter box.

Ferrets eat special food made just for them. They can also eat some types of cat food. Your ferret will need a bath once every few months.

Los hurones pueden ser entrenados para usar una caja de arena para sus necesidades.

Los hurones comen comida especial hecha sólo para ellos. Pueden comer también algunos tipos de comida para gatos. Tu hurón necesitará un baño cada pocos meses.

Ferrets sleep on soft things like cloth.

Los hurones duermen sobre cosas suaves como tela.

Mice and rats sleep in a nesting box.

Las ratas y los ratones duermen en una caja como madriguera.

Rats and Mice

Rats are very smart. Mice can be gentle.

These animals enjoy boxes and tunnels to crawl through. Like hamsters, both rats and mice need a nesting box.

Give them chew sticks to keep their teeth from growing too long.

Feed your mice or rats special food that includes nuts and seeds. They enjoy fresh fruits and crackers as treats.

Ratas y ratones

Las ratas son muy listas. Los ratones pueden ser tiernos.

Estos animales disfrutan las cajas y los túneles. Al igual que los hámsters, tanto las ratas como los ratones necesitan una caja como madriguera.

Dales palos para masticar para evitar que sus dientes crezcan demasiado largos.

Alimenta a tus ratones o ratas con comida especial que incluya nueces y semillas. Ellos disfrutan frutas frescas y galletas como golosina.

One way to tell if a mouse is healthy is by its clear, bright eyes.

Una forma de reconocer si un ratón está sano es por sus ojos cristalinos y brillantes.

How Can I Keep My Small Pet Healthy?

A vet can help keep your pet healthy. You may want a vet to check your new pet before you decide to bring it home.

A vet can trim your pet's nails if they get too long. If your pet stops eating, drinking, or shows other signs of being sick, call your vet right away.

Wash your pet's cage, food dish, and water bottle every week. After the cage is dry, put new bedding at the bottom of the cage.

¿Cómo puedo mantener sana a mi mascota pequeña?

Un veterinario puede ayudarte a mantener sana a tu mascota. Tal vez quieras llevar a tu nueva mascota al veterinario para hacerle un chequeo antes de que decidas llevarla a casa.

Un veterinario puede recortarle las uñas a tu mascota si le crecen muy largas. Si tu mascota deja de comer, beber o muestra otros signos de estar enferma, llama al veterinario inmediatamente.

Lava la jaula de tu mascota, el plato para la comida y la botella de agua cada semana. Después de que la jaula esté seca, coloca una cama nueva en el fondo de la jaula.

Clean your pet's cage every week.

Limpia la jaula de tu mascota cada semana.

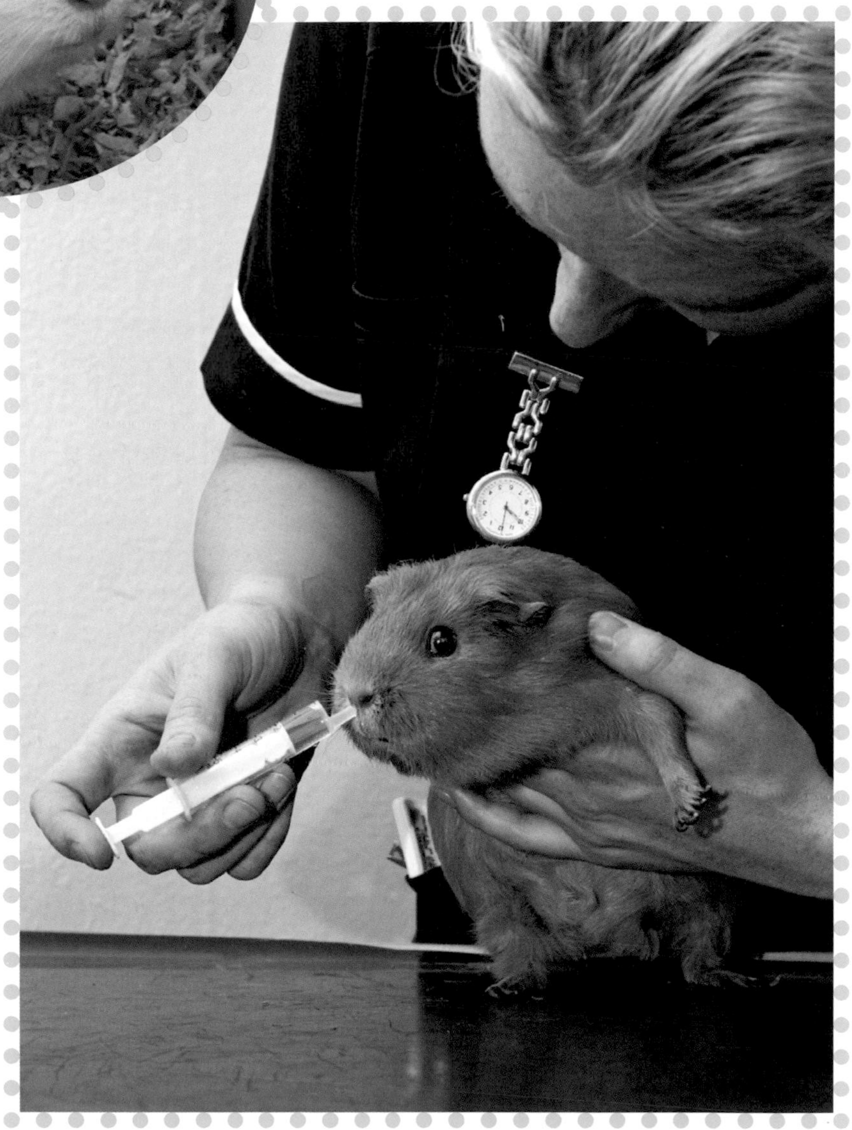

This vet gives medicine to a guinea pig.

Este veterinaria le da medicina a un conejillo de Indias.

Have Fun Caring For Your New Pet

Always handle your new pet gently and with care. Wash your hands before and after you handle your pet. Whatever small pet you pick, you can have fun caring for it. A small pet can live for years with lots of love and proper care.

Diviértete cuidando a tu nueva mascota

Trata siempre a tu mascota suavemente y con cariño. Lava tus manos antes y después de tocar a tu mascota. Cualquiera que sea la mascota pequeña que elijas, puedes divertirte cuidándola. Una mascota pequeña puede vivir durante años con mucho cariño y cuidado adecuado.

Teddy bear hamster

Hámster dorado

Always be careful when handling your small pet.

Siempre ten cuidado cuando cargues a tu mascota pequeña.

Words to Know

alfalfa—A plantlike hay that gerbils like to eat as a treat.

bedding—A material that is placed in the bottom of an animal's cage like hay or straw.

dates—A fruit from a palm tree.

groomed—When an animal has cleaned itself. Also when a person has cleaned and brushed an animal.

nesting box—A private place for a small pet to sleep.

nocturnal—Active at night.

salt block—A large, usually round block of salt that rabbits like to lick.

vet—Vet is short for veterinarian, a doctor who takes care of animals.

Palabras a conocer

acicalado—Cuando un animal se limpia a sí mismo. También cuando una persona ha limpiado y peinado al animal.

la alfalfa—Una planta parecida al heno que a los jerbos les encanta comer como golosina.

la cama—Un material que es colocado en el fondo de la jaula del animal, como heno o paja.

el cubito de sal—Un bloque grande de sal que a los conejos les encanta lamer.

el dátil—Fruta de una palma.

la madriguera—Un lugar privado donde la mascota pequeña duerme.

nocturno—Activo por la noche.

el veterinario—Médico que cura animales.

Learn More
Más para aprender

BOOKS / LIBROS

In English / En inglés

Hamilton, Lynn. *Caring for Your Ferret*. New York: Weigl Publishers, 2004.

Holub, Joan. *Why Do Rabbits Hop? And Other Questions About Rabbits, Guinea Pigs, Hamster, and Gerbils*. New York: Dial Books for Young Readers, 2003.

Loves, June. *Mice and Rats*. Philadelphia, Penn.: Chelsea Clubhouse, 2004.

Nelson, Robin. *Pet Guinea Pig*. Minneapolis, Minn.: Lerner Publications, 2003.

Starosta, Paul. *Face-to-Face with the Hamster*. Watertown, Mass.: Charlesbridge, 2004.

INTERNET ADDRESSES
DIRECCIONES DE INTERNET

In English / En inglés

American Humane Association
<http://www.americanhumane.org>

ASPCA: Animaland
<http://www.animaland.org>

Index

Índice